MW01002055

¿CÓMO MATAR A
11 MILLONES
DE PERSONAS?

POR QUÉ LA VERDAD ES
MÁS IMPORTANTE DE LO QUE CREES

ANDY ANDREWS

GRUPO NELSON
Una división de Thomas Nelson Publishers
Desde 1798

NASHVILLE   DALLAS   MÉXICO DF.   RÍO DE JANEIRO

Contacta con Andy

Para contratar a Andy para un evento corporativo,
llama al (800) 726-ANDY (2639).
Para más información, visita
www.AndyAndrews.com

Editora General: *Graciela Lelli*
Traducción y adaptación del diseño al español: *Ediciones Noufront /
www.produccioneditorial.com*

ISBN: 978-1-60255-738-3

Impreso en Estados Unidos de América
12 13 14 15 16 QG 9 8 7 6 5 4 3 2 1

Nota del autor

Durante muchos años me han pedido que hablase en reuniones políticas de uno u otro calado. Y durante muchos años he declinado la oferta sistemáticamente. El hecho de que los libros que yo escribo sean considerados literatura de sentido común —novelas que ilustran principios vitales— creo que hace que muchos políticos supongan que yo estoy en su bando. Sin embargo, no soy de esa clase de personas que están «o con unos o con otros». En realidad soy más de estar con «nosotros».

———

No me malinterpretes: sí que tengo algunos absolutos atrincherados en mi corazón y en mi mente, pero soy lo suficientemente optimista como para creer que aún hay terreno común incluso con aquellos con los que no estamos de acuerdo. ¿Acaso no queremos todos lo mejor para nuestro país y un futuro seguro y próspero para nuestros hijos? Por supuesto que sí. Y creo que podemos hablar de temas que causan división sin gritarnos.

De algún modo, en la gran mayoría de casos, nuestros padres y abuelos se las arreglaron para estar en desacuerdo con sus vecinos y aun así seguir comportándose amigablemente. Y normalmente lo hacían desde sus porches delanteros. Hoy en día muchos de nosotros ni siquiera tenemos porches delanteros. Nos hemos retirado al patio trasero, donde se puede aislar e imponer una única opinión con una valla privada.

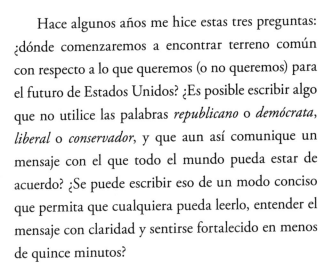

Hace algunos años me hice estas tres preguntas: ¿dónde comenzaremos a encontrar terreno común con respecto a lo que queremos (o no queremos) para el futuro de Estados Unidos? ¿Es posible escribir algo que no utilice las palabras *republicano* o *demócrata*, *liberal* o *conservador*, y que aun así comunique un mensaje con el que todo el mundo pueda estar de acuerdo? ¿Se puede escribir eso de un modo conciso que permita que cualquiera pueda leerlo, entender el mensaje con claridad y sentirse fortalecido en menos de quince minutos?

Aquí está, pues, mi respuesta a esas preguntas.

—ANDY ANDREWS

ORANGE BEACH, ALABAMA

El castigo que sufre el sabio que rehúsa tomar parte en el gobierno es vivir bajo el gobierno de hombres peores.[1]

—PLATÓN

«Conoceréis la verdad, y la verdad os hará libres».

Estas son, probablemente, las palabras más famosas que se han dicho jamás acerca de la verdad. Muchos aceptamos esta frase en particular por su valor aparente. Ciertamente encuentra eco en nuestro espíritu. Nos hace sentir bien. Pero, en realidad, ¿qué quiere decir? ¿Y alguna vez has considerado el significado que sale a la luz al darle la vuelta a este principio?

———— ⊙◦ ————

Si es correcto que «conocerás la verdad, y la verdad te hará libre», ¿entonces es posible que si *no* conoces la verdad, su ausencia te haga esclavo?

CUANDO ERA NIÑO, pronto aprendí que si alguien descubría la verdad me metería en problemas, o no me elegirían, o ya no me querrían tanto. Incluso mis padres me animaban a decir la verdad y me llegaban a prometer que no me pegarían... si decía la verdad.

En la Escuela Elemental Heard les conté a mis compañeros de cuarto que Elvis Presley era mi primo. Supongo que entonces fue mi modo de buscar popularidad. Pero Elvis no era mi primo. Lo que había declarado públicamente en la cafetería no era verdad, y durante un tiempo, aunque no pareciera posible, me hice aún menos popular.

————

Fue una buena lección que me ayudó a tomar la decisión de que, en el futuro, contaría la verdad.

Una vez, cuando tenía quince años, un hombre de nuestro vecindario me dijo que me daría cincuenta dólares si le realizaba una tarea en particular en su patio. Cuando terminé, me dio veinte y me dijo que aquella era la cantidad que habíamos acordado. Fue la primera vez que alguien me miró directamente a los ojos y me dijo a propósito algo que no era verdad. Me di cuenta muchos años después cuando fue multado y avergonzado públicamente por otro asunto —que no tenía nada que ver conmigo— en el que no había dicho la verdad.

Durante mis años formativos y nada más convertirme en adulto, la verdad se convirtió en una piedra de toque, una meta, algo por lo que esforzarse. Siempre tenía la verdad en mi punto de mira, normalmente respetada pero a veces comprometida.

Cierta vez vi en televisión cómo el presidente de Estados Unidos renunciaba a su puesto después de haber caído en desgracia. En aquel momento no se me ocurrió pensar que la nación estaba tan alborotada —y el presidente estaba metido en tan grandísimo problema— no a causa de lo que se había hecho, sino porque él había mentido acerca de ello.

CUANDO ME HICE adulto, me convertí en un estudioso de la historia. Por alguna razón, me siento fascinado por lo que la gente dijo y lo que las naciones hicieron hace muchos años. También me interesan los resultados: las consecuencias que afrontaron aquellas civilizaciones al reaccionar a lo que la gente dijo y lo que las naciones hicieron muchos años atrás.

A menudo me pregunto si esas consecuencias tienen alguna relevancia para nosotros hoy. ¿Deberíamos ser unos estudiosos más prudentes de los sucesos y las decisiones que han dado forma a las vidas y las naciones de aquellos que nos precedieron?

Hace mucho tiempo decidí que si la historia iba a tener alguna importancia en mi vida, no sucumbiría a la tentación de acomodarme en mis creencias o deseos personales. En otras palabras, no estaría dispuesto a clasificar a la gente y a las naciones como «buenos chicos» o «malos chicos» para que se acomodasen a mis creencias políticas o religiosas. La verdad de lo que descubriese tendría que triunfar sobre todo lo que se me hubiera enseñado o hecho creer alguna vez. En silencio, solamente podía esperar que aquello que se me hubiera enseñado o hecho creer fuera verdad.

En algún momento de mi investigación sobre la Alta Edad Media, descubrí una extraña paradoja que tenemos en nuestra cabeza acerca del tiempo transcurrido. Mucha gente no distingue la historia del pasado. En pocas palabras, *el pasado* es lo auténtico y verdadero, mientras que *la historia* es simplemente algo que alguien registró.

Si no crees que exista diferencia entre ambos, prueba a vivir un suceso en persona y a leerlo en el periódico al día siguiente, después de que hayan entrevistado a los testigos. Para muchos puede ser chocante darnos cuenta de que lo que nosotros conocemos como «historia» en realidad puede ser pura invención, creada en la imaginación de alguien con un interés personal. O, quizá, y esto es lo que evidentemente pasó en la Edad Media, la historia la cuenta el hombre que tiene el mayor interés de todos en contarla.

CON RESPECTO A la conquista del mundo que yo leí, ahora soy consciente de que para estar seguro de tener la información precisa sería de vital importancia que contrastase registros e historias con las transcripciones y los relatos de los testigos directos cuando fuera posible.

Los registros que rodean la vida de Juana de Arco —sus triunfos, su captura, su juicio (que duró catorce meses), su ejecución, su nuevo juicio de invalidación veinte años después de su muerte y su consiguiente canonización— me fascinaron en particular. Hubo cientos de testigos presenciales que testificaron durante un periodo de casi treinta años acerca de lo que vieron o no vieron personalmente.

¿Conocemos hoy la verdad acerca de la vida y la muerte de Juana de Arco? Uno podría esperar que sí. Ella es la patrona de los soldados, los mártires, los prisioneros y de todo el país de Francia.

La historia mundial, para aquellos que continúan estudiándola, se vuelve más precisa durante los siglos diecisiete y dieciocho, especialmente durante la Revolución estadounidense. Los registros de fuerzas opositoras con creencias discrepantes se conservan en relativa buena forma y todavía pueden examinarse por aquellos que deseen hacerlo.

La gente de nuestro mundo presente tiene cierta conciencia general de la cronología histórica y de unos pocos sucesos decisivos que conformaron nuestras vidas. De vez en cuando leemos historia o la vemos en las películas. Pero en términos de saber por qué hacemos lo que hacemos, cómo nos gobernamos, qué permite nuestra sociedad y por qué, muy pocos de nosotros conectamos a propósito la verdad del pasado con la realidad de adónde hemos llegado hoy.

Entonces, ¿sigue siendo importante la verdad del pasado? ¿Qué hay acerca de la verdad en sí misma? Más allá del escurridizo ideal moral con el que muchos nos criamos —ser honestos y hacer el bien—, ¿la verdad importa algo, realmente?

Para contestar a esta
pregunta eficazmente,
te haré otra...

¿Cómo matar a once
millones de personas?

OBVIAMENTE, MUCHOS NUNCA hemos pensado en algo así. Pero cuando yo comencé a investigar con atención nuestra reciente historia mundial —los últimos cien años— esa pregunta en particular se empezó a abrir paso en mi mente de forma inquietante.

¿Cómo matar a once millones de personas?

Once millones. El número es tan grande que cuando se le añade *de personas* se convierte en algo casi imposible de ser tomado con seriedad.

«¿Por qué once millones?», te podrías preguntar. «¿Qué importancia tiene ese número?».

Es verdad, el número en sí no tiene *especial* importancia. Y el número real es 11,283,000: el número de personas asesinadas por Adolf Hitler entre los años 1933 y 1945 de las que se tiene constancia.[2] A propósito, esta cifra en particular solo representa las matanzas institucionales. *No* incluye a los 5,200,000 civiles y militares alemanes muertos en la guerra.[3] Tampoco incluye a los 28,736,000 europeos asesinados durante la Segunda Guerra Mundial como consecuencia de las agresivas políticas gubernamentales de Hitler.[4]

Con estos parámetros, podríamos haber utilizado el número de camboyanos condenados a muerte por su propio gobierno: algo más de tres millones entre 1975 y 1979. Tres millones... de un total de población de ocho millones.[5]

Podríamos haber utilizado la cifra exacta de 61,911,000. Ese es el número de personas asesinadas por el gobierno de la Unión Soviética, según sus propios registros, entre 1917 y 1987. Pero solamente 54,767,000 de los hombres, mujeres y niños condenados a muerte por el Partido Comunista eran oficialmente ciudadanos soviéticos. Eso hace 14,322 vidas humanas por cada palabra de este libro.[6]

Durante la Primera Guerra Mundial, los máximos dirigentes del gobierno de los Jóvenes turcos decidieron exterminar a todos los armenios de Turquía, ya fuera un soldado luchando en primera línea por su país o una mujer embarazada. Aquel gobierno asesinó institucionalmente a sus investigadores famosos, sus líderes religiosos, sus propios hijos y a los ardientes patriotas de su propia nación. A los dos millones de ellos.[7] También podríamos haber utilizado ese número.

De hecho, de los últimos cien años de nuestro mundo tenemos varias cifras entre las que elegir. Tres millones en Corea del Norte.[8] Más de un millón tanto en México,[9] Pakistán,[10] como en los países bálticos.[11] Las opciones disponibles, así como los números de muertos a manos de sus propios gobiernos, son apabullantes. Y en otros sitios del mundo acaban de empezar.

Pero, para nuestro propósito, centrémonos en el número más conocido de todos nosotros: los once millones de seres humanos exterminados por el régimen nazi.

Hemos aprendido muchas lecciones de ese trágico periodo de la historia, pero una gran parte de ella permanece oculta incluso a los investigadores más brillantes. Es la respuesta a una simple pregunta.

¿Cómo matar a
once millones
de personas?

SOLAMENTE UNA CLARA comprensión de la respuesta a esta cuestión y la conciencia de un pueblo implicado puede prevenir que la historia se siga repitiendo como lo ha hecho hasta ahora una y otra vez.

Para ser absolutamente claros, el *método* que un gobierno emplea para el asesinato en sí no es la cuestión. Ya conocemos la gran variedad de herramientas que se utilizan para conseguir un asesinato en masa.

Tampoco necesitamos considerar el proceso mental de los que están suficientemente desquiciados como para llevar adelante una matanza de inocentes. La historia nos ha provisto de amplia documentación del daño que psicópatas o sociópatas megalómanos han hecho a las sociedades.

Lo que necesitamos comprender es cómo once millones de personas se dejan matar.

Obviamente, es simplificar demasiado, pero considéralo conmigo un momento... Si un único terrorista comienza a disparar su automática en un cine donde hay trescientas personas, ese pistolero solitario probablemente no podría matar a los trescientos. ¿Por qué? Porque cuando comenzara el tiroteo, gran parte de la multitud echaría a correr. O se escondería. O lucharía...

Entonces, ¿por qué, mes tras mes, año tras año, millones de seres humanos inteligentes —vigilados por un puñado relativamente pequeño de soldados nazis— cargaban voluntariamente a sus familias en decenas de miles de camiones de ganado que les transportaban por tren a uno de los muchos campos de exterminio esparcidos por Europa? ¿Cómo se puede obligar a actuar dócilmente a un grupo de gente condenada a la que se dirige a una cámara de gas?

La respuesta es
sobrecogedoramente simple.
Y es un método que todavía
utilizan algunos líderes electos
para conseguir sus objetivos
hoy en día.

¿Cómo matar a once millones de personas?

Miénteles.

DE ACUERDO A los testimonios obtenidos bajo juramento por los testigos de los juicios de Núremberg (incluyendo declaraciones específicas realizadas en el tribunal el 3 de enero de 1946 por antiguos oficiales de las SS), el acto de transportar a los judíos a los campos de exterminio planteó un particular desafío para el hombre que había sido nombrado director operacional del genocidio nazi. A Adolf Eichmann, conocido como «el maestro», se le instó por escrito en diciembre de 1941 a implementar la Solución Final.

Eichmann lo abordó como si hubiera sido el presidente de una multinacional. Estableció objetivos ambiciosos, reclutó a un equipo de trabajo entusiasta y supervisó los progresos. Comprobó lo que funcionaba y lo que no y cambió el programa de acuerdo con ello. Eichmann midió los logros por medio de cuotas cumplidas. Los éxitos eran recompensados. Los fracasos, castigados.

Se diseñó una intrincada red de mentiras, listas para ser comunicadas por etapas, para asegurarse la cooperación de los judíos condenados (que no sabían que lo estaban). Primero, cuando se levantaron las alambradas de espinos rodeando vecindarios enteros, Eichmann y sus representantes se reunieron con los líderes judíos para asegurarles que las restricciones físicas que tenían lugar en su comunidad (lo que más tarde pasaría a conocerse como guetos) solamente eran necesidades temporales por la guerra. Siempre y cuando cooperasen, les dijo, nadie sufriría daños dentro de la valla.

Segundo, se aceptaron sobornos de los judíos con la promesa de mejorar las condiciones de vida. Los sobornos convencieron a los judíos de que la situación era ciertamente temporal y que no les sobrevendría ningún daño. *Después de todo*, razonaban ellos, *¿por qué aceptarían sobornos los nazis si solo pretendieran* *matarnos y llevárselo todo*? Estas dos primeras etapas del engaño se establecieron para prevenir los levantamientos o incluso las escapadas.

Finalmente, Eichmann aparecería después de una reunión del gueto al completo. Acompañado de un séquito de no más de treinta hombres locales y oficiales a su cargo —muchos de ellos desarmados—, se dirigió a la multitud con voz fuerte y clara. De acuerdo a las declaraciones juradas, con mucha probabilidad estas fueron sus palabras exactas:

Judíos: Finalmente, puedo comunicarles que los rusos están avanzando por el frente oriental. Me disculpo por el modo precipitado en que se les ha puesto bajo nuestra protección. Por desgracia, había poco tiempo para explicaciones. No tienen nada de lo que preocuparse. Solamente queremos lo mejor para ustedes. Dentro de poco se irán de aquí y serán enviados a lugares mucho mejores. Trabajarán allí, sus mujeres estarán en sus casas y sus hijos irán a la escuela. Tendrán vidas maravillosas. Estaremos todos terriblemente hacinados en los trenes, pero el viaje es corto. ¿Hombres? Por favor, reúnan a sus familias y suban a los vagones de forma ordenada. Con rapidez ahora, amigos míos, ¡debemos darnos prisa![12]

Los esposos y padres judíos se sintieron aliviados por la explicación y confortados por el hecho de que no había más soldados armados. Ayudaron a sus familiares a subir a los vagones. Los contáiners, diseñados para transportar ocho vacas, se llenaron de un mínimo de cien seres humanos y rápidamente fueron cerrados con candados.

En ese momento estaban perdidos. Los trenes rara vez paraban hasta que ya estaban bien dentro de las puertas de Auschwitz.

O Belzec.

O Sobibor.

O Treblinka...

En 1967 el ministro alemán redactó una lista que nombra más de 1,100 campos y subcampos de concentración accesibles por tren.[13] La Jewish Virtual Library dice: «Se estima que los nazis fundaron 15,000 campos en los países ocupados».[14]

Y **así** es como matas
a once millones de
personas.

Mintiéndoles.

Pero, espera, dirás. ¡Esto no pasó de la noche a la mañana! ¿Cómo se les llegó a ir de las manos? ¿Cómo llegaron a ese punto?

EL PARTIDO NACIONALSOCIALISTA Alemán de los Trabajadores, liderado por Adolf Hitler, llegó al poder en una época de incertidumbre económica en una nación de personas que anhelaban tiempos mejores. Alemania era un país moderno, industrializado, cuyos ciudadanos bien informados disfrutaban de un fácil acceso a la información por medio de la prensa y la radio.

Hitler era uno de tantos —no hacía mucho tiempo, había sido teniente de la armada— y daba discursos emocionantes y apasionados. Prometió más, y mejor, y nuevo, y diferente. Aseguró un cambio rápido y una pronta puesta en acción.

Según los registros, lo que Hitler decía en realidad en sus discursos dependía mucho de la audiencia. En zonas agrícolas se comprometió a recortar los impuestos para los granjeros y nuevas leyes para proteger el precio de los alimentos. En vecindarios de la clase trabajadora, habló de la redistribución de la riqueza y atacó los enormes beneficios generados por los propietarios empresariales. Cuando aparecía ante financieros o magnates de la industria, Hitler centraba sus planes en destruir el comunismo y reducir el poder de los sindicatos.

«Qué suerte para los líderes —dijo Hitler a su círculo cercano— que los hombres no piensen. Haz que la mentira sea grande, simplifícala, continúa afirmándola y finalmente la creerán».[15]

En su autobiografía, *Mein Kampf*, Hitler escribió: «Las grandes masas de gente caerán más fácilmente víctimas de una gran mentira que de una pequeña».[16] En su época, el libro fue extensamente leído por los alemanes.

Las masas le creyeron igualmente.

O, a lo sumo, lo ignoraron. Es un hecho que menos del 10 por ciento de la población de los

79.7 millones de personas de Alemania trabajaron o hicieron campaña a favor del cambio de Hitler.[17] Incluso en el apogeo de su poder en 1945, el partido político nazi se vanagloriaba solamente de tener 8.5 millones de miembros.[18]

Así que el 90 por ciento restante de alemanes —profesores, doctores, pastores y granjeros—... ¿qué hicieron? ¿Se pusieron a un lado? ¿Miraron?

Básicamente, sí.

Madres y padres callaron sus voces, se cubrieron los ojos y se taparon los oídos. La gran mayoría de una población educada aceptó sus sueldos y evitó la incómoda verdad que se cernía sobre ellos como una serpiente a la espera de atacar. Y cuando los nazis vinieron a por sus hijos, ya era demasiado tarde.

COMO PUEDES VER, no solamente se persiguió a los judíos. Hoy día muchos no saben que de los once millones de personas exterminados, cinco millones no eran ni siquiera judíos. En Dachau, uno de los más grandes e infames campos de concentración, solamente una tercera parte de la población era judía.

Todos hemos oído hablar de los triángulos amarillos que se forzó a llevar a los judíos para su identificación. ¿Sabes qué otros colores se utilizaron?

Los triángulos marrones identificaban a los gitanos y a los descendientes de romanís. Los morados los llevaban los testigos de Jehová, los sacerdotes católicos y los líderes cristianos que estaban en conflicto con el gobierno.

Los triángulos negros lo marcaban a uno como vagabundo: lo llevaba cualquier persona a quien le faltaba documentación cuando se le preguntaba por una dirección permanente. Se les impusieron los azules a aquellos que se habían trasladado a Alemania de otros países, a menos que fueran judíos, en cuyo caso llevaban el amarillo.

Se hacían llevar triángulos rojos a un grupo grande y variopinto. Lo llevabas si eras miembro de un sindicato, un demócrata, un francmasón o de cualquiera de las categorías identificadas como «inconformistas políticos». Las insignias rosas identificaban a los homosexuales, aunque a cualquiera sospechoso de una ofensa sexual como violación o pedofilia se le entregaba también un triángulo rosa.

Los ladrones comunes y los asesinos llevaban los distintivos verdes. Y siempre y cuando no fueran sospechosos políticamente, a aquellos prisioneros —llamados *kapos*— a menudo se les ponía al cargo de los demás.

Insignias moradas. Rojas, rosas y marrones. Azules y negras. Todas ellas llevadas por madres, padres e hijos que nunca fueron los primeros seleccionados para los campos. Sus identificaciones fueron impuestas —sus destinos modificados— mucho después de haber echado un buen vistazo a las amarillas.

AL MENOS EN un pueblo alemán las vías del ferrocarril discurrían por detrás de la iglesia. Un testigo aseguró:

Escuchábamos historias de lo que les estaba sucediendo a los judíos, pero intentábamos distanciarnos de ello, porque ¿qué se podía hacer para pararlo?

Todos los domingos por la mañana escuchábamos el silbato del tren sonando en la distancia, y después las ruedas sobre las vías. Nos afectaba cuando escuchábamos gritos que provenían del tren al pasar junto a nosotros. ¡Nos dimos cuenta de que llevaban a los judíos como a ganado en los vagones!

Semana tras semana el silbato sonaba. Sentíamos pavor de escuchar el sonido de aquellas ruedas porque sabíamos que escucharíamos los gritos de los judíos de camino al campo de exterminio. Sus alaridos nos atormentaban.

Sabíamos cuándo venía el tren y cuando escuchábamos el sonido del silbato empezábamos a cantar himnos. Cuando el tren pasaba por nuestra iglesia, cantábamos con toda la fuerza de nuestras voces. Si escuchábamos los alaridos, cantábamos aún más alto y pronto dejábamos de escucharlos.

Han pasado los años y ya nadie habla de ello, pero yo sigo escuchando aquel silbato del tren en sueños.[19]

CON TODO LO que sabemos ahora, ¿cree alguien que decir la verdad resolverá todos los problemas de una nación? Por supuesto que no. Pero *es* un comienzo. De hecho, ¡decir la verdad debería ser *lo menos* que le deberíamos pedir a nuestros líderes electos! Después de todo, ¿cuáles son *nuestros* estándares para ser liderados?

Como ves, el peligro no es un único político con una intención enfermiza. Ni siquiera un grupo de ellos. Lo más peligroso a lo que puede enfrentarse cualquier nación es a una ciudadanía capaz de confiar en que un mentiroso les lidere.

A la larga, es mucho más fácil deshacer las políticas de un liderazgo poco honrado que restaurarles el sentido común y la sabiduría a una población engañada deseosa de elegir a un líder así en primer lugar. Cualquier país puede sobrevivir si ha elegido a un tonto como líder. Pero la historia nos muestra una y otra vez que una *nación de tontos* está sin duda condenada.

EN MI PAÍS de origen, Estados Unidos, increíblemente, en la actualidad hay 545 seres humanos que son responsables directos, legal, moral e individualmente, de todos los problemas a los que el país se enfrenta. En tu nación, los números serán diferentes, pero los principios serán los mismos.

Es un hecho que hay países en todo el mundo que están profundamente endeudados. Sin embargo, ¿alguna vez en tu vida has escuchado de un político que no esté *a favor* de un presupuesto equilibrado?

¿Alguna vez has escuchado a un político hablar a favor de un complicado código fiscal que al ciudadano común le resulte difícil de entender? Entonces, ¿por

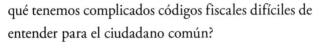

qué tenemos complicados códigos fiscales difíciles de entender para el ciudadano común?

Incluso en una democracia, es un diminuto número de individuos el que promulga las leyes, propone los presupuestos y establece las políticas para sus ciudadanos.

¿Alguna vez te has parado a pensar en que si uno de nosotros les miente a ellos, es un delito? Pero si uno de ellos nos miente a nosotros, se considera política.

Según declara la Oficina del Censo de Estados Unidos, la población estadounidense ha crecido hasta superar los 311 millones de personas.[20]

Para ser francos, en Estados Unidos (y, de nuevo, en tu país los números serán ligeramente diferentes, pero similares), ellos son 545 y nosotros 311 millones.

¿Pueden esperar esos 311 millones de estadounidenses disputarle alguna vez el poder a esos 545?

Uno podría pensar que sí. ¿Pero sabías que durante los últimos veinticinco años ningunas elecciones presidenciales en Estados Unidos se han ganado por más de diez millones de votos? Y aun más, todas las elecciones federales de ese mismo periodo han tenido al menos a un millón de personas en edad de votar ¡que no se molestaron en ir a hacerlo!

SABIENDO QUE LA calidad de nuestras respuestas solamente se puede determinar por la calidad de nuestras preguntas, permíteme que te haga unas cuantas buenas...

¿Por qué la duración media de las grandes civilizaciones de nuestro mundo es de doscientos años?

¿Por qué parece que todas esas civilizaciones siguen la misma secuencia identificable: de la esclavitud a la fe espiritual, de la fe espiritual al valor, del valor a la libertad, de la libertad a la abundancia, de la abundancia a la autocomplacencia, de la autocomplacencia a la apatía, de la apatía a la dependencia, y finalmente de la dependencia de nuevo a la esclavitud?[21]

¿Es aceptable mentir para ser elegido? ¿Incluso si la intención del candidato es ser elegido para hacer buenas obras?

De todos modos, ¿realmente existe algún poder en las intenciones de cada uno?

¿Alguna vez te has parado a pensar en cómo juzgamos a los «chicos malos» por sus acciones y a los «buenos chicos» por sus intenciones?

¿Quiénes son los buenos y quiénes los malos?

¿Sería la verdad un buen punto de partida para marcar la diferencia?

¿Cuál es el rumbo de nuestra civilización? ¿Crees que se puede determinar el destino probable examinando la dirección en la que uno viaja? Si es así, ¿hacia dónde nos dirigimos?

¿Puedes escuchar el silbato y las ruedas mientras el tren se acerca por la vía?

¿Cómo de alto estás cantando?

Una conversación con Andy Andrews

1. ¿Qué intentas ilustrar con este libro?

Más allá del subtítulo, que dice: «Por qué la verdad importa más de lo que piensas», lo que este libro ilustra se conoce como el Principio del Camino, que expresó por primera vez el pastor estadounidense Andy Stanley. Este principio afirma: «Es la dirección, y no la intención, lo que determina el destino».[22] Del Principio del Camino también se habla en mi libro *La cumbre final*, una historia que habla acerca de lo que ocurre cuando figuras históricas como Winston Churchill, George

Washington Carver, Juana de Arco y otros muchos se reúnen para resolver un desafío en particular. En *La cumbre final* los personajes, sin darse cuenta, muestran que la historia en sí misma es un camino que puede examinarse en cualquiera de sus puntos con la intención de predecir los resultados futuros.[23]

Del mismo modo, la historia solo es una versión ampliada de nuestras vidas individuales: ¿podemos ver un patrón en nuestras buenas decisiones? ¿Han dado esas buenas decisiones buenos resultados? Por supuesto que sí; por lo tanto, debemos continuar tomando decisiones tan buenas como esas que prueban ser beneficiosas para nuestras vidas.

Por otro lado, ¿vemos un patrón en las malas decisiones que hemos tomado? ¿Están conectadas esas malas decisiones con los puntos en descenso que hunden incluso más los resultados de nuestra vida? Claro que sí; por lo tanto, debemos determinar no volver a tomar esas decisiones de nuevo.

El único modo que tenemos para conocer a una persona que aspira a liderarnos es escuchar lo que dice y observar lo que hace. Francamente, lo que *yo* piense de cualquier líder actual o pasado debería resultarte irrelevante. Las preguntas más importantes de tu vida en relación a este tema deberían ser: ¿qué criterio utilizas para determinar quién lidera a tu familia? ¿Y qué piensas *tú*?

2. ¿Cuál es tu afiliación política?

Como declaro en la nota del autor, no soy de los que están «o con unos o con otros». Soy de los que están con «nosotros». Soy un ciudadano preocupado que demanda integridad de aquellos que pretenden liderarnos. Sinceramente, creo que los candidatos de todos los espectros políticos han mentido a la misma gente que reivindican servir. Y además, creo que muchos están deslizándose peligrosamente hacia la tendencia a mentir y racionalizar lo que proponen diciendo que lo hicieron «por nuestro bien».

No quiero que la discusión acerca de este libro acabe en una riña partisana. No he escrito este libro con la intención de comparar a Hitler o a los nazis con ningún líder ni actual ni pasado. Sería interesante que el lector supiese que la frase «redistribución de la riqueza» no se ha utilizado en el cuerpo de este texto para hacer comparaciones entre Adolf Hitler y cualquier persona específica. En realidad, traté de encontrar otro modo de expresar esa idea, pero en última instancia, puesto que ilustraba el modo en que el Führer decía lo que la gente quería escuchar —y porque esas palabras exactas salieron de la boca de Hitler—, opté por dejar lo que él dijo realmente.

Decir lo que hace falta con tal de ser elegidos se ha convertido en un procedimiento estándar para muchos políticos. Eso debe parar. La lista de la historia es profunda y ancha y está llena de nombres de trágicos gobiernos cuyos ciudadanos *no* lo pararon.

3. ¿Crees que la población alemana que permitió que Hitler les liderara era una «nación de tontos»?

No necesariamente. Los alemanes, en aquel momento, no tenían el beneficio de examinar la historia de la clase de tragedias de las que posteriormente formarían parte. Ciertamente era una nación de gente engañada. Asumieron que los líderes en los que habían puesto su fe pondrían sus intereses al frente. Eran sinceros al creerlo. Pero, como sabemos ahora, estaban sinceramente equivocados.

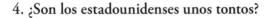

4. ¿Son los estadounidenses unos tontos?

Creo que el jurado todavía está deliberando acerca de esta cuestión. Siempre he considerado que los estadounidenses son gente inteligente y trabajadora. Por desgracia, todos sabemos que la gente inteligente ha hecho cosas tontas. Como grupo, el hecho de que a más de cien millones de nosotros no nos importe ir a votar en las elecciones federales subraya la porción de «apatía» en la secuencia mortal para una nación.

Entonces, ¿somos demasiado confiados? Probablemente. ¿Somos unos crédulos manifiestos? Me temo que las pruebas apoyan esa afirmación. ¿Pero somos tontos? Diría que «todavía no».

5. ¿Estás diciendo que Estados Unidos será el lugar del próximo holocausto mundial?

No, no estoy diciendo que eso *vaya* a pasar. Estoy diciendo que *podría* pasar. Cualquier país del mundo tiene el potencial de ser el lugar del próximo holocausto mundial. De eso trata este libro. La historia nos muestra que la gente que se comporta como borregos a la hora de seguir a su líder (con tal de que sus intereses personales se vean satisfechos) quizá un día se despierten viendo que su nación ha cambiado de un modo dramático.

No se necesitan a muchas personas para conducir a una nación en una dirección que tenga serias repercusiones sobre la libertad de los demás. De hecho, muchos estarán de acuerdo en que ya hemos entregado algunas libertades por varios motivos, y es posible que nunca las recuperemos. Bajo ciertas circunstancias, las cosas se pueden poner muy feas rápidamente. Este ciclo se ha repetido en muchas sociedades a lo largo de la historia. A pesar de la sólida base de nuestra cultura y nuestro sistema político, Estados Unidos no es inmune. Como dijo el filósofo George Santayana: «Aquellos que no pueden recordar el pasado están condenados a repetirlo».[24]

Nosotros, el pueblo, sin embargo, podemos cambiar esta dirección. Pero sabiendo esto: que nuestra porción de la historia se está escribiendo hoy. ¿Qué se recordará de nuestra contribución?

6. ¿Qué líderes políticos están mintiendo al mundo ahora mismo?

Lo siento, pero no voy a contestar a esa pregunta. El propósito de este libro es que *tú* la respondas por ti mismo.

Lo que quiero decir es que todos nosotros debemos dejar de creer ciegamente en todo lo que diga cualquier persona con un orden del día. Hoy, con el advenimiento de los motores de búsqueda por Internet y páginas como YouTube, es bastante sencillo verificar las promesas de un político, su registro de votos, su vida personal y todo eso. Así que trabajemos juntos. Cuelga tus pruebas en la red para que todos podamos leerlas y divulgarlas.

7. ¿Por qué elegiste escribir este libro ahora?

Estamos en un momento crítico. Con independencia de las perspectivas políticas, se puede sentir por todo el mundo.

Si no demandamos honestidad e integridad a nuestros líderes ahora —y recompensamos esa integridad con nuestros votos—, les faltará la fortaleza para tomar las difíciles decisiones necesarias para cambiar de rumbo.

Si ciertamente nuestro mundo está en un estado de crisis, entonces necesitamos cambiar antes de que sea demasiado tarde para elegir la dirección de ese cambio. Necesitamos a las personas correctas en el poder, y a ser posible las mejores, para hacer que esto ocurra. Algunos, por supuesto, ya están en el poder, pero necesitan nuestra ayuda para rodearse de hombres y mujeres que hagan lo que creen que es correcto y verdadero.

He escrito este libro para que tú lo utilices como una herramienta. Lo escribí para que lo regalases. Para que discutas y prediques sobre él, y para que se lo leas a tus hijos. Creo que ahora, más que nunca, necesitamos el desafío y la inspiración para participar.

8. ¿Cómo podemos saber si un político está diciendo la verdad? ¿Hay algún modo de estar seguros?

Quizá recuerdes este viejo chascarrillo: «¿Cómo saber si un político está mintiendo? Porque mueve los labios». Ya no es tan gracioso, ¿verdad? Obviamente, no hay modo de saberlo en el momento en que se dice. Pero recuerda esto: las actuaciones del pasado sirven para revelar el comportamiento futuro. Una persona que ha exhibido un patrón de mentiras es un mentiroso. Sé que suena brusco, ¿pero se te ocurre otro modo de decirlo? Por eso el carácter en nuestro liderazgo es tan importante.

En mi libro *La cumbre final* Abraham Lincoln le dice a Juana de Arco: «¿Edifica la adversidad el carácter?... No lo hace. Casi todos pueden resistir la adversidad de un tipo u otro. Si quieres probar el carácter de una persona, dale poder».

Lincoln sigue diciendo: «Ahora, puesto que estamos interesados aquí con el mismo futuro de la humanidad, permítanme añadir algo más. El poder corrompe. Créanme esto. Y debido a que el poder corrompe, la necesidad de la humanidad en cuanto a que los que ostentan el poder sean individuos de alto carácter, aumenta conforme aumenta la importancia del cargo de liderazgo.

»Estamos hablando de carácter, ¿verdad?, no de inteligencia. Algunos de los líderes más inteligentes de la historia han producido un desastre en sus naciones debido a que la inteligencia es impotente para modificar el carácter. El gran liderazgo es producto de gran carácter; y por eso es que el carácter importa».[25]

9. ¿A quién deberíamos escuchar?

Deberíamos escucharnos a nosotros mismos, a nuestro sentido común, y tener presente —y hacer caso— a lo que ya sabemos que es verdad. ¡Y necesitamos desesperadamente ser honestos con nosotros mismos! Debemos reconocer que, como votantes, a veces aceptamos una mentira cuando esta encaja con nuestros propios intereses.

Obviamente, no puedo estar a favor de unos cambios políticos que tengan impacto en todos excepto en mí, o en mi distrito, o en el lugar donde trabajo. Por desgracia, es por eso por lo que a menudo aceptamos las mentiras de los políticos. Se ha convertido en una estrategia política aceptada que se les diga a los votantes las mentiras que *quieren* escuchar. Nosotros, por nuestra parte, recompensamos a los políticos eligiéndolos para los cargos incluso cuando sabemos que no se nos ha dicho la verdad.

10. ¿Por qué deberíamos creer que tú nos estás diciendo la verdad?

Internet puede ser algo maravilloso. Animo a los lectores a que comprueben los datos de los que hablo en mi libro en las múltiples fuentes creíbles. Por eso he incluido una bibliografía. Lee esos libros por ti mismo... examina los registros... todo está ahí para quien quiera verlo. Y debo añadir que eso es exactamente lo que deberíamos hacer cada vez que un político o un miembro de los medios de comunicación dice algo que no suena verídico. Si realmente queremos comprobar las cosas, las mentiras no son difíciles de detectar.

11. ¿Tienes una agenda política?

Por supuesto. Y espero que tú también tengas una. Aquí está la mía: quiero que el liderazgo presente y futuro de mi país abrace y cumpla con los valores sobre los que se fundó esta nación: valores de libertad de la tiranía política, económica y religiosa; valores de igualdad, oportunidad, tolerancia y unidad. Además, quiero que el público se mantenga vigilante haciéndoles responsables para que lo cumplan. Esa es mi agenda política.

12. ¿A quién elegirías como presidente de Estados Unidos?

A Abraham Lincoln, pero no se volverá a presentar. Más allá de eso, busco a ese líder especial que pueda mirarnos a los ojos mientras nos dice la dolorosa verdad de tal modo que aún se las arregle para ser bien acogido por los votantes. Es una exigencia difícil, lo sé, pero se puede hacer. Especialmente si la gente inteligente se involucra en el proceso de elección y vota.

Guía del lector

1. Todos nos hemos enfrentado a situaciones en las que podíamos elegir decir la verdad o elegir mentir. ¿De qué modo esas mentiras han afectado de forma negativa a nuestra vida? ¿De qué modo puede hacerte la vida más fácil decir la verdad?

2. ¿Crees que no decir la verdad tiene un mayor efecto sobre ti o sobre la otra persona?

3. Piensa en una circunstancia en la que supiste que te habían mentido. ¿Cómo te hizo sentir?

¿Tuvo esto algún efecto en tus sentimientos hacia la otra persona? Explica tu respuesta.

4. ¿Hay alguna mentira específica que contaste en el pasado que haya tenido un impacto mayúsculo sobre tu vida? ¿Qué medidas puedes tomar para evitar mentir en el futuro?

5. Algunas personas prefieren medir sus mentiras según sean grandes o pequeñas. Por ejemplo, una mentira piadosa se considera una mentira pequeña que supuestamente no hace daño, o que incluso es beneficiosa, a largo plazo. ¿Crees que alguna vez está bien mentir? Explica tu respuesta.

6. Todas las mentiras tienen un impacto sobre tu vida, tus relaciones y el resto del mundo. ¿Crees

que el tamaño de una mentira determina cuánto impacto tendrá? ¿Por qué sí o por qué no?

7. ¿Sería aceptable mentir cuando se pretende proteger a otra persona? ¿Por qué sí o por qué no?

8. ¿Por qué crees que es más sencillo mentir que decir la verdad en determinadas circunstancias? Haz una lista de situaciones que hayas vivido en las que mentir fuera una opción más fácil que decir la verdad. Explica por qué era más fácil.

9. Piensa en la primera mentira que recuerdes que dijiste. ¿Qué crees que te motivó a no decir la verdad?

10. ¿Crees que aprender acerca de «los sucesos y

decisiones que han dado forma a las vidas y naciones de aquellos que nos precedieron» afecta el modo en que interactúas con el mundo?

11. En cierto momento, mientras Andy estudiaba la Alta Edad Media, descubrió una extraña paradoja: *el pasado* es aquello auténtico y verdadero, mientras que *la historia* simplemente es algo que alguien registró. Explica qué significa esto para ti.

12. Andy asegura: «Muy pocos de nosotros conectamos a propósito la verdad del pasado con la realidad de adónde hemos llegado hoy». ¿Qué importancia tiene la verdad y qué efecto tiene sobre nuestro futuro? ¿Por qué crees que nos cuesta conectar la verdad del pasado con la realidad de adónde hemos llegado hoy?

13. ¿Por qué crees que los once millones de personas enviados a los campos de concentración nazis creyeron a Hitler y estuvieron dispuestos a ir? ¿Crees que el nivel de poder de la gente tiene efecto en la facilidad con la que están dispuestos a creer?

14. Hitler dijo: «Haz que la mentira sea grande, simplifícala, continúa afirmándola y finalmente la creerán». ¿Por qué una mentira grande y simple es más fácil de creer que una pequeña y detallada?

15. Andy hace una gran pregunta: «¿Cree alguien que decir la verdad resolverá todos los problemas de una nación?». ¿Qué crees tú?

16. ¿Cómo responderías a esta pregunta?: «¿Es aceptable mentir para ser elegido? ¿Incluso si

la intención del candidato es ser elegido para hacer buenas obras?».

17. ¿Qué significa «juzgar a los "chicos malos" por sus acciones y a los "buenos chicos" por sus intenciones»? ¿Qué importa más, tus acciones o tus intenciones?

Recursos

Después de leer este libro, quizá te interese dar algunos pasos para involucrarte más en la dirección de tu país. Internet es una herramienta fantástica para ello. Puedes averiguar cómo hacer un gran número de cosas, como contactar con tu representante en el parlamento, registrarte para votar, aprender más acerca de los funcionarios electos de tu estado y tu ciudad, enterarte de cuándo se reúne el consejo de tu municipio, y más cosas, con una simple búsqueda en Internet.

También te animo a que busques sabiduría en tu biblioteca más cercana o en la librería. Añádele a tu propia experiencia el conocimiento de los demás. Por supuesto, necesitas ser concienzudo en esta búsqueda y asegurarte de que tus fuentes son de confianza. No puedes creer todo lo que oigas. Tómate tu tiempo, compara y considera lo que has escuchado y leído.

Más importante aún, nunca dejes de buscar la verdad. Siempre que tengamos nuestros ojos fijos en la verdad, estaremos moviéndonos en la dirección correcta.

Notas

1. Platón, citado en Ralph Waldo Emerson, "Eloquence", *Society and Solitude* (Boston: James T. Osgood & Co., 1870), p. 56 [*Sociedad y soledad* (Barcelona: Minerva)].

2. Rudolph J. Rummel, *Democide: Nazi Genocide and Mass Murder* (New Brunswick, NJ: Transaction, 1992), pp. 85–86.

3. Ibíd.

4. Ibíd., p. 14.

5. Rudolph J. Rummel, *Statistics of Democide* (New Brunswick, NJ: Transaction, 1992), p. 48.

6. Rudolph J. Rummel, *Lethal Politics: Soviet Genocide and Mass Murder Since 1917* (Piscataway, NJ: Transaction Publishers, 1990), p. 16.

7. Rummel, *Statistics of Democide*, p. 78.

8. Ibíd., p. 178.

9. Ibíd., p. 187.

10. Ibíd., p. 153.

11. Ibíd., pp. 164–77.

12. Neal Bascomb, *Hunting Eichmann* (Nueva York: Houghton Mifflin Harcourt, 2009), p. 6.

13. http://www.enotes.com/topic/List_of_Nazi_concentration_camps.

14. Jewish Virtual Library, http://www.jewishvirtuallibrary.org/jsource/Holocaust/cclist.html.

15. http://brainyquote.com/quotes/authors/a/adolf_hitler_2.html.

16. Adolf Hitler, *Mein Kampf*, traducción de James Murphy (Nueva York: Mariner, 1998) [*Mi lucha* (Barcelona: F.E. S.L., 2004)].

17. http://www.mongabay.com/history/germany/germany-historical_background_population.html.

18. http://wn.com/nsdap?orderby=published.

19. Erwin W. Lutzer, *When a Nation Forgets God* (Chicago: Moody, 2010), p. 22.

20. Oficina del Censo de Estados Unidos, Relojes de población mundial y estadounidense, http://www.census.gov/main/www/popclock.html.

21. Andy Andrews, *El descanso* (Nashville: Grupo Nelson, 2011), pp. 156-57.

22. Andy Stanley, *The Principle of the Path: How to Get from Where You Are to Where You Want to Be* (Nashville: Thomas Nelson, 2009), p. 14.

23. Andy Andrews, *La cumbre final* (Nashville: Grupo Nelson, 2012).

24. George Santayana, *The Life of Reason, or: The Phases of Human Progress*, vol. 1 (Nueva York: Charles Scribner's Sons, 1905), p. 284 [*La vida de la razón o fases del progreso humano* (Buenos Aires: Nova, 1958)].

25. Andrews, *La cumbre final*, p. 145–46.

Bibliografía

Andrews, Andy. *La cumbre final*. Nashville: Grupo Nelson, 2012.

Bascomb, Neal. *Hunting Eichmann*. Nueva York: Houghton Mifflin Harcourt, 2009.

Hitler, Adolf. *Mein Kampf* (traducción de James Murphy). Nueva York: Mariner, 1998 [*Mi lucha*. Barcelona: F.E. S.L., 2004].

Lutzer, Erwin W. *When a Nation Forgets God*. Chicago: Moody, 2010.

Reese, Charley. "The Five Hundred and Forty Five People Responsible for America's Woes". http://www.informationclearinghouse.info.

Rummel, Rudolph J. *Lethal Politics: Soviet Genocide and Mass Murder Since 1917*. Piscataway, NJ: Transaction Publishers, 1990.

BIBLIOGRAFÍA

Stanley, Andy. *The Principle of the Path: How to Get from Where You Are to Where You Want to Be*. Nashville: Thomas Nelson, 2009.

www.census.gov

www.historyplace.com

www.jewishvirtuallibrary.org

www.nuremberg.law.harvard.edu

www.Spartacus.schoolnet.co.uk

Acerca del autor

Andy Andrews, aclamado por un escritor del *New York Times* como un «Will Rogers moderno que silenciosamente se ha convertido en una de las personas más influyentes de Estados Unidos», es un novelista de gran éxito de ventas y orador empresarial de mucha demanda en las grandes organizaciones del mundo. La versión en inglés de *El regalo del viajero* fue un destacado libro seleccionado por *Good Morning America*, programa de la cadena televisiva ABC, y pasó 17 semanas en la lista de gran éxito de ventas del *New York Times*. Andy ha dado discursos a pedido de cuatro presidentes de Estados Unidos y ha hecho giras en bases militares alrededor del mundo.

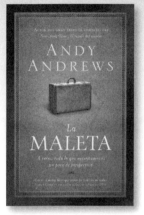
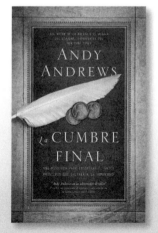

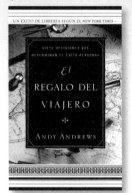
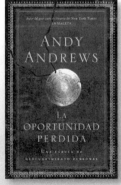